COUSCOUS, QUINOA & CO.

Liebe auf den ersten Biss

Autorin: Diane Dittmer | Fotos: Anke Schütz

INHALT

TIPPS UND EXTRAS

8 SALATE & SNACKS

DIE KLEINEN GRÜNEN WUNDER

Fein raus ist, wer im Garten oder auf Balkon und Fensterbank eine Auswahl an Kräutern zieht, denn frisch geerntet schmecken die Allround-Talente in der Küche einfach am besten.

Ohne die Fülle an Kräutern und Gewürzen wäre das kulinarische Leben äußerst fade und langweilig. Zum Glück sind frische Kräuter, egal ob heimische oder auch exotische, mittlerweile meist ganzjährig auf jedem Wochenmarkt und auch im Supermarkt erhältlich. Wenn sich dann der Duft von frischen Kräutern und Gewürzen verheißungsvoll in der Küche ausbreitet, kann das Essen gar nicht schnell genug auf den Tisch kommen. Diese grünen Wunder machen die Gerichte erst zu echten Köstlichkeiten und sorgen so für glückliche Gesichter am Tisch. Doch jedes Kraut und Gewürz hat seine Eigenheiten und gibt sein volles Aroma nur dann preis, wenn es richtig behandelt wird.

VIELFÄLTIGE KRÄUTERWELT

Mit feinen zarten Kräutern wie Petersilie (1), Basilikum (2), Schnittlauch, Dill, Minze (3) und auch Koriander (4) sollte man vorsichtig umgehen: Diese Kräuter erst kurz vor dem Verzehr waschen – am besten in stehendem Wasser – und anschließend trocken schütteln. Dann mit einem scharfen Messer grob schneiden oder hacken. Da ihr feines Aroma durch Hitze schnell verfliegt, sollten diese zarten Kräuter heißen Speisen erst direkt vor dem Verzehr zugegeben werden.

Dagegen sollten kräftige mediterrane Kräuter, zu denen Majoran, Rosmarin (5), Thymian und auch Oregano gehören, unbedingt mitgegart werden. Denn erst dadurch lösen sich ihre ätherischen Öle und sie entfalten ihr wahrhaft köstliches Aroma.

AROMAWELT DER GEWÜRZE

Gewürze wie aus Tausendundeiner Nacht waren früher kostbar wie Gold, weil die Gewürzhändler sie auf langen, mühsamen Reisen aus den hintersten Winkeln der Erde zu uns transportieren mussten – etwa aus Asien oder Mittel- und Südamerika. Heute gelangen die oft unscheinbaren Körner und Samen schnell per Schiff oder Flugzeug zu uns, und das Angebot auf Wochenmärkten, im Supermarkt, in türkischen, asiatischen oder indischen Geschäften oder aber speziellen Gewürzläden ist vielfältig und verheißungsvoll. Auch im Internet finden Gewürzliebhaber eine Riesenauswahl.

DAS BESTE HERAUSHOLEN

Damit Zimtstangen (1), Kardamom (2), Korianderkörner (3), Kreuzkümmel (4), Chiliflocken (5), Cayennepfeffer oder rosa Pfeffer (6) in einem Gericht ihr volles Aroma entwickeln und uns zum Träumen verleiten, sollten sie meist schon mitgeschmort, mitgekocht oder mitgedünstet werden. Am besten ist es, die Gewürze unzerkleinert im Vorrat zu haben, denn einmal zerstoßen oder gemahlen verlieren sie schnell ihr Aroma. Dunkel, kühl und trocken aufbewahrt, bleiben die Körner und Samen lange frisch und können bei Bedarf dann ganz einfach in einem Mörser zerstoßen werden.

AUF DIE DOSIERUNG ACHTEN

Sehr kräftige und geschmacksintensive Gewürze, etwa Kardamom, sollten Sie zunächst immer nur vorsichtig dosieren – zu viel davon kann den Geschmack eines Gerichtes rasch unangenehm dominieren. Wenn Sie sich an die in meinen Rezepten angegebenen Mengen halten, kann aber nichts schiefgehen. Wer es dann am Ende gern doch noch etwas würziger hätte, der schmeckt einfach das fertige Gericht nochmals vorsichtig ab. Im Laufe der Zeit werden Sie herausfinden, mit welcher Menge eines Gewürzes Ihnen das Essen am besten schmeckt. Generell gilt: Gewürze, die schon länger gelagert wurden, haben meist an Aroma verloren und schmecken deutlich weniger intensiv als frische Ware. Dabei hängt das Geschmackserlebnis natürlich auch entscheidend von der ursprünglichen Qualität eines Gewürzes ab.

AMARANTH KOCHEN

150 g Amaranth | Salz | Gewürze für das Kochwasser (nach Belieben)
Für 4 Personen | 40 Min. Zubereitung | Pro Portion ca. 140 kcal, 5 g EW, 3 g F, 21 g KH

1 150 g Amaranth in ein feines Sieb geben und mit heißem Wasser waschen, um die Bitterstoffe herauszulösen.

2 In einem Topf 450 ml Wasser (Wasser und Amaranth im Verhältnis 3 zu 1) mit etwas Salz zum Kochen bringen. Amaranth in das kochende Salzwasser geben.

3 Den Amaranth zugedeckt ca. 20 Min. bei geringer Hitze ohne Rühren köcheln lassen.

TIPP

»Quellen lassen« bedeutet, dass die getrockneten Körner mit Wasser ausquellen, also Wasser aufnehmen, um gar zu werden. Bei dieser Methode wird nur so viel Flüssigkeit wie nötig verwendet, damit keine wertvollen Vitamine und Mineralstoffe mit dem überschüssigen Kochwasser weggeschüttet werden.

4 Anschließend die Herdplatte ausschalten und den Amaranth 10 Min. zugedeckt im Topf ausquellen lassen.

5 Den Amaranth vollständig auskühlen lassen bzw. entsprechend dem jeweiligen Rezept weiterverarbeiten.

KÖRNERKOCHSCHULE

Im Wesentlichen ist die Zubereitung bei allen Körnerexoten gleich, lediglich die Wassermengen, Koch- und Quellzeiten variieren.

QUINOA KOCHEN

150 g Quinoa in ein Sieb geben und mit heißem Wasser waschen, um die Bitterstoffe herauszu-lösen (Bild 1). In einem Topf 375 ml Wasser (Wasser und Quinoa im Verhältnis 2,5 zu 1) mit etwas Salz zum Kochen bringen. Die Quinoakörner in das kochende Salzwasser geben und zugedeckt 15 Min. bei mittlerer Hitze köcheln lassen. Anschließend zugedeckt bei ausgeschalteter Herdplatte 10 Min. ausquellen lassen.

HIRSE KOCHEN

125 g Hirse in ein Sieb geben und mit heißem Wasser waschen, um die Bitterstoffe herauszulösen. In einem Topf 250 ml Wasser (Wasser und Hirse im Verhältnis 2 zu 1) mit etwas Salz zum Kochen bringen. Die Hirse in das kochende Salzwasser geben und 5 Min. zugedeckt bei mittlerer Hitze köcheln lassen. Anschließend 10 Min. zugedeckt bei geringer Hitze ausquellen lassen.

GEWÜRZTES KÖRNERGUT

Die Exoten kann man bereits beim Kochen raffiniert aromatisieren: Dafür die Gewürze, z. B. Zimtstange, Kardamom, Koriander oder Pfeffer, von Anfang an mit in die Kochflüssigkeit geben – so nehmen die Körner den Geschmack intensiver auf (Bild 2). Oder: Statt Salzwasser je nach anschließender Weiterverwendung Gemüsebrühe oder Gemüse- bzw. Obstsäfte zum Garen verwenden.

SCHNELL ZUR HAND: VORGEKOCHTE KÖRNER

Mit gekochten Körnern und wenigen weiteren Zutaten lässt sich rasch ein Salat oder Pfannengericht zaubern. Mein Tipp: Bei der Zubereitung eines Gerichtes die doppelte Körnermenge kochen und die Hälfte bis zu drei Tagen im Kühlschrank lagern.

AMARANTH- UND QUINOAMEHL

Amaranth- und Quinoamehl sind leider meist noch schwer erhältlich, am einfachsten noch über Internetversender. Naturkostläden oder Reformhäuser bieten ihren Kunden jedoch oft die Möglichkeit, ganze Körner mahlen zu lassen – fragen Sie einfach einmal danach. Die kleinen Körner lassen sich aber auch problemlos in einem Universalzerkleinerer in kleinen Portionen zu Mehl verarbeiten.

SALATE & SNACKS

Hier kommt die neue Zauberformel für gesunden Genuss: Man kombiniert die kleinen Wunderkörner mit viel knackigem Gemüse und raffinierten Gewürzen. Die schnellen Gerichte sind nicht nur ein Augenschmaus, sondern jeder Bissen macht garantiert glücklich.

BUCHWEIZENBÄLLCHEN AUF GURKENSALAT

Diese Bällchen sind im wahrsten Sinne eine runde Sache: Unter einer grünen Hülle aus Schnittlauch verbirgt sich eine leckere Buchweizen-Frischkäsefüllung.

Für die Buchweizenbällchen:
1 Zwiebel
1 EL Olivenöl
60 g Buchweizen
Salz
1 Bio-Limette
1 TL Pimentkörner
30 g alter Gouda
70 g Doppelrahmfrischkäse
bunter Pfeffer
8 EL Schnittlauchröllchen
Für den Gurkensalat:
je 1 kleines Bund Kerbel, glatte Petersilie und Basilikum
2 Frühlingszwiebeln
3 kleine Bio-Minigurken
2 TL Dijonsenf
5 EL Olivenöl
1–2 EL Aceto balsamico bianco
1–2 TL Honig
Salz
bunter Pfeffer

Gelingt leicht

Für 4 Personen |
30 Min. Zubereitung
Pro Portion ca. 310 kcal,
6 g EW, 23 g F, 20 g KH

1 Für die Buchweizenbällchen die Zwiebel schälen und sehr fein würfeln. Das Olivenöl in einem Topf erhitzen und die Zwiebelwürfel darin glasig dünsten. Den Buchweizen hinzufügen und mit 120 ml Wasser ablöschen. Mit Salz würzen und zum Kochen bringen. Den Buchweizen zugedeckt 18 – 20 Min. köcheln lassen, dann in eine Schüssel umfüllen und abkühlen lassen.

2 Inzwischen die Limette waschen und die Schale abreiben. Die Pimentkörner im Mörser fein zerstoßen. Den Gouda fein reiben. Den abgekühlten Buchweizen mit einer Gabel auflockern. Frischkäse, Gouda, Limettenschale, Piment, bunten Pfeffer und Salz zum Buchweizen geben und alles gut vermischen. Den Schnittlauch auf einen Teller geben. Aus der Buchweizenmasse mit den Händen kleine Bällchen formen und diese anschließend in den Schnittlauchröllchen wälzen.

3 Für den Gurkensalat die Kräuter waschen und trocken schütteln. Die Blättchen von den Stielen zupfen. Die Frühlingszwiebeln putzen, waschen und in sehr feine Ringe schneiden. Die Gurken waschen und mitsamt der Schale der Länge nach mit einem Sparschäler in breite Streifen schneiden.

4 Den Dijonsenf mit Olivenöl, Aceto balsamico, 3 EL Wasser, Honig, etwas Salz und buntem Pfeffer verrühren. Die Vinaigrette vorsichtig mit den Gurkenstreifen, den Kräutern und den Frühlingszwiebelringen mischen. Den Gurkensalat mit den Buchweizenbällchen auf Tellern anrichten.

FRUCHTIGER QUINOASALAT

Mit diesem Salat kommt fruchtige Sommerfrische auf den Tisch. Die aromatisch-zitronige Vinaigrette und der sahnige Ziegenfrischkäse laden zum Träumen ein.

Für den Salat:
150 g Quinoa
Salz
50 g Pinienkerne
1 gelbe Paprikaschote
200 g Heidelbeeren
250 g Aprikosen
Für die Vinaigrette:
5 Stiele Zitronenmelisse
1 Limette
8 EL Maracujasmoothie (aus
dem Kühlregal, ersatzweise
Orangensaft)
½ TL Zimtpulver
1 große Msp. Chiliflocken
2 TL Ahornsirup
Salz
6 EL Olivenöl
Außerdem:
200 g Ziegenfrischkäserolle
ca. 2 TL rosa Pfeffer
8 Blätter grüner Salat
(z. B. Kopfsalat)

Einfach und doch raffiniert

Für 4 Personen |
40 Min. Zubereitung |
10 Min. Marinieren
Pro Portion ca. 560 kcal,
16 g EW, 36 g F, 39 g KH

1 Die Quinoakörner in ein Sieb geben und mit heißem Wasser waschen. In einem Topf 375 ml Wasser mit etwas Salz zum Kochen bringen, Quinoa dazugeben und zugedeckt bei mittlerer Hitze ca. 15 Min. köcheln lassen. Anschließend die Herdplatte ausschalten und die Quinoakörner zugedeckt ca. 10 Min. ausquellen lassen. In ein feines Sieb abgießen, abtropfen und abkühlen lassen (siehe auch Grundrezept Seite 7).

2 Inzwischen die Pinienkerne in einer kleinen Pfanne ohne Fett rösten und beiseitestellen. Die Paprikaschote längs halbieren, putzen, waschen und in kleine Würfel schneiden. Die Heidelbeeren verlesen und waschen. Die Aprikosen waschen, abtropfen lassen, halbieren und den Stein entfernen. Das Aprikosenfruchtfleisch in Spalten schneiden.

3 Für die Vinaigrette die Zitronenmelisse waschen und trocken schütteln. Die Blättchen von den Stielen zupfen und in feine Streifen schneiden. Die Limette halbieren und den Saft auspressen. Den Maracujasmoothie mit Limettensaft, Zimtpulver, Chiliflocken, Ahornsirup und etwas Salz verrühren. Das Olivenöl hinzufügen und kräftig unterrühren. Quinoa mit Paprikawürfeln, Aprikosen, Heidelbeeren und der Vinaigrette in einer Schüssel vermischen. Den Salat 10 Min. marinieren lassen.

4 Inzwischen die Ziegenfrischkäserolle in 12 Scheiben schneiden. Den rosa Pfeffer in einem Mörser grob zerstoßen und die Ziegenkäsescheiben damit bestreuen. Die gerösteten Pinienkerne grob hacken. Die Salatblätter waschen und trocken schleudern. Jeweils 2 Salatblätter auf einen Teller geben und den Quinoasalat darauf verteilen. Die Ziegenfrischkäsescheiben dekorativ darauf anrichten. Mit gehackten Pinienkernen bestreut servieren.

TIPP Dieser sommerliche Salat lässt sich natürlich auch zu allen anderen Jahreszeiten wundervoll zubereiten. Dann verwende ich anstelle von Heidelbeeren und Aprikosen Granatapfelkerne und eine reife Birne. Die Zitronenmelisse ersetze ich auch gern einmal durch Minze – ebenfalls ein Traum.

HIRSE-KRÄUTER-SALAT

200 g Hirse | Salz | 60 g Mandeln | 350 g kleine Datteltomaten | 4 kleine Feigen | 150 g Schafskäse | je 1 Bund Schnittlauch, Dill, glatte Petersilie und Minze (ersatzweise andere zarte Kräuter, z. B. Estragon) | 3 EL Aceto balsamico bianco | 6 EL Olivenöl | bunter Pfeffer

Genießersalat

Für 4 Personen | 30 Min. Zubereitung
Pro Portion ca. 530 kcal, 16 g EW, 32 g F, 43 g KH

1 Die Hirse in ein Sieb geben und mit heißem Wasser waschen. Dann die Hirse mit 400 ml Wasser in einen Topf geben und leicht salzen. Alles zum Kochen bringen und bei mittlerer Hitze 5 Min. zugedeckt leicht köcheln lassen. Anschließend die Hirse bei schwacher Hitze 10 – 12 Min. zugedeckt ausquellen lassen. In eine Schüssel umfüllen und abkühlen lassen.

2 Die Mandeln grob hacken und in einer kleinen Pfanne ohne Fett rösten. Die Tomaten waschen und halbieren. Die Feigen waschen und in Spalten schneiden. Den Schafskäse in Stücke bröckeln. Die Kräuter waschen und trocken schütteln. Den Schnittlauch in Röllchen schneiden, von den restlichen Kräutern die Blätter grob zupfen.

3 Den Aceto balsamico mit Olivenöl, etwas Salz und buntem Pfeffer verrühren. Die Hirse mit Tomaten, Feigen, Kräutern und der Vinaigrette in eine Schüssel geben und vorsichtig vermischen. Den Schafskäse und die gerösteten Mandeln darübergeben und den Salat mit etwas Pfeffer bestreuen.

TIPP
Datteltomaten haben festes Fruchtfleisch und schmecken süß-aromatisch. Ersatzweise können Sie Cocktailtomaten verwenden.

BUCHWEIZENSALAT MIT ROTER BETE

125 g Buchweizen | Salz | 120 g Manchego (spanischer Hartkäse) | 100 g Rucola | 50 g Haselnussblättchen (ersatzweise gehackte Haselnüsse) | 1 Pink Grapefruit | 6 EL Haselnussöl | 3 EL Cranberryessig (ersatzweise Cassisessig) | Pfeffer | 2 Rote Beten | 2 säuerliche Äpfel (z. B. Elstar) | 50 g getrocknete Cranberrys | einige Rote-Bete-Blätter (nach Belieben)

Fruchtig frisch

Für 4 Personen | 1 Std. Zubereitung
Pro Portion ca. 575 kcal, 13 g EW, 33 g F, 55 g KH

1 Den Buchweizen in reichlich kochendem Salzwasser zugedeckt ca. 25 Min. garen. Inzwischen den Manchego grob hobeln. Den Rucola putzen, waschen und trocken schleudern. Die Haselnussblättchen in einer kleinen Pfanne ohne Fett rösten und abkühlen lassen.

2 Die Grapefruit halbieren und den Saft auspressen. Haselnussöl, Grapefruitsaft, Cranberryessig, Salz und Pfeffer zu einer Vinaigrette verrühren. Den fertig gegarten Buchweizen in ein Sieb abgießen, abtropfen und abkühlen lassen.

3 Inzwischen die Roten Beten schälen und in sehr feine Scheiben hobeln. Die Äpfel waschen und das Kerngehäuse mit einem Kernausstecher herauslösen. Die Äpfel ebenfalls in feine Scheiben hobeln, sodass Apfelringe entstehen.

4 Den Buchweizen mit Rucola, Roter Bete, Apfelscheiben, Cranberrys und der Vinaigrette in einer Schüssel vorsichtig vermischen. Den Salat mit gehobeltem Manchego sowie gerösteten Haselnussblättchen und nach Belieben mit Rote-Bete-Blättern bestreut servieren.

GEGRILLTE PFIRSICHE MIT GRAUPENSALAT

Asiatische Kräuter und Gewürze verleihen dem Salat sein verlockendes Aroma. Serviert wird das Ganze in Pfirsichhälften – so ist auch optischer Hochgenuss garantiert!

70 g Graupen
Salz
2 kleine Möhren
1 Bund Koriander
1 Bund Thai-Basilikum
20 g Ingwer
1 kleine rote Chilischote
1 große Orange
1–2 EL Sojasauce
2 EL süß-scharfe Chilisauce
4 EL geröstetes Sesamöl
50 g Cashewnüsse
4 reife Pfirsiche
1–2 EL Sonnenblumenöl

Leckerer Snack

Für 4 Personen |
40 Min. Zubereitung
Pro Portion ca. 355 kcal,
7 g EW, 21 g F, 34 g KH

1 In einem Topf 200 ml leicht gesalzenes Wasser zum Kochen bringen. Die Graupen dazugeben und in 25 – 30 Min. bissfest garen. Die Graupen in ein Sieb abgießen, abtropfen und abkühlen lassen (Bild 1). Die Möhren putzen, schälen und sehr fein würfeln. Den Koriander und das Thai-Basilikum waschen und trocken schütteln. Die Blättchen von den Stielen abzupfen und sehr grob schneiden. Den Ingwer schälen und sehr fein reiben.

2 Die Chilischote waschen, längs aufschneiden und die Kerne herauslösen, die Schote fein hacken. Die Orange halbieren und den Saft auspressen. Den Orangensaft mit gehackter Chilischote, Ingwer, Sojasauce, Chilisauce, und Sesamöl verrühren (Bild 2).

3 Die Cashewnüsse grob hacken und in einer kleinen Pfanne ohne Fett rösten. Die Nüsse beiseitestellen und abkühlen lassen. Die Graupen in einer Schüssel mit Möhren, Kräutern und Vinaigrette vermischen.

4 Die Pfirsiche waschen, halbieren und den Stein entfernen. Eine Grillpfanne erhitzen. Die Pfanne leicht mit Öl bestreichen und die Pfirsichhälften darin auf den Schnittflächen bei starker Hitze 2 – 3 Min. grillen (Bild 3).

5 Den Graupensalat in die Pfirsichhälften füllen, dabei bergartig anhäufeln. Mit gerösteten Cashewnüssen und nach Belieben mit einigen Kräutern verziert servieren.

TIPP Anstelle der Pfirsiche können auch Nektarinen verwendet werden. Servieren Sie Ihren Gästen diese Köstlichkeit als Auftakt zu einem leichten Sommermenü.

1

2

3

AUBERGINENRÖLLCHEN AUF APRIKOSEN–AMARANTH

Die cremig gefüllten Auberginenröllchen sind einfach zuzubereiten und harmonieren perfekt mit dem fruchtigen Amaranth und der frischen Tahinsauce.

200 g Amaranth | Salz
2 TL Ras-el-Hanout (orientalische Gewürzmischung)
150 g Softaprikosen
70 g Mandeln
2 längliche Auberginen
4 EL Olivenöl
Pfeffer
250 g Hirtenkäse (ersatzweise Feta)
300 g griechischer Joghurt (10 % Fett)
2 TL Harissa (arabische Gewürzpaste)
7 EL gehackte glatte Petersilie
4 TL Tahin (Sesampaste)
2 EL gehackte Minze
Fett für das Backblech

Raffiniert arabisch gewürzt

Für 4 Personen |
50 Min. Zubereitung
Pro Portion ca. 615 kcal,
24 g EW, 37 g F, 44 g KH

1 Den Amaranth in ein feines Sieb geben und mit heißem Wasser waschen. Mit 650 ml leicht gesalzenem Wasser in einen Topf geben und aufkochen lassen. Das Ras-el-Hanout hinzufügen und alles bei mittlerer Hitze zugedeckt 30 Min. köcheln lassen. Inzwischen die Aprikosen in kleine Würfel schneiden, nach 15 Min. Garzeit zum Amaranth geben und mitgaren. Die Mandeln grob hacken, in einer kleinen Pfanne rösten und abkühlen lassen.

2 Inzwischen den Backofen auf 220° (Umluft) vorheizen, zwei Backbleche fetten. Die Auberginen waschen, putzen und der Länge nach in 8 Scheiben schneiden. Die Scheiben nebeneinander auf die Backbleche legen, mit dem Olivenöl beträufeln und mit Salz und Pfeffer bestreuen. Die Auberginenscheiben im Backofen (oben, Umluft 220°) ca. 8 Min. backen, bis sie goldbraun sind. Dann aus dem Backofen nehmen und abkühlen lassen.

3 Den Schafskäse mit 2 EL Joghurt, Harissa und 5 EL gehackter Petersilie verrühren. Jeweils 1 TL Schafskäsemasse auf eine Seite der Auberginenscheiben geben und aufrollen.

4 Den restlichen Joghurt mit dem Tahin, etwas Salz, der restlichen Petersilie und der Minze verrühren. Den Amaranth auf Teller verteilen und die Auberginenröllchen darauf anrichten. Mit Mandeln bestreuen und nach Belieben mit Minzeblättchen garnieren. Die Tahinsauce dazu servieren.

TIPP Wer nicht so gerne Hirtenkäse mag, verwendet für die Füllung einfach Frischkäse. Die Füllung bekommt zudem etwas mehr Biss, wenn Sie zusätzlich 2 – 3 EL fein gewürfelte Paprikastücke unter die Schafskäsemasse mischen.

GEFÜLLTE PAPRIKASCHOTEN MIT MINZEJOGHURT

Die orientalische Würze macht diese Paprikaschoten so verführerisch wie die Märchen aus Tausendundeiner Nacht. Lassen auch Sie sich verzaubern!

2 Zwiebeln
1 rote Chilischote
2 TL Kreuzkümmel
4 große rote Paprikaschoten
1 Bund glatte Petersilie
1 Bund Minze
250 g Cocktailtomaten
500 g griechischer Joghurt
(10 % Fett)
Salz
6 EL Olivenöl
120 g Bulgur
600 ml Gemüsebrühe
50 g Pinienkerne
1 TL Zimtpulver
60 g Rosinen

Fein gewürzt

Für 4 Personen |
35 Min. Zubereitung
Pro Portion ca. 575 kcal,
12 g EW, 35 g F, 49 g KH

1 Die Zwiebeln schälen und würfeln. Die Chilischote waschen, den Stielansatz entfernen und die Schote mit den Samen hacken. Den Kreuzkümmel in einem Mörser zerstoßen. Die Paprikaschoten längs halbieren, waschen und putzen, dabei den Stiel möglichst stehen lassen. Die Petersilie und die Minze waschen und trocken schütteln, die Blättchen abzupfen und getrennt grob hacken. Die Tomaten waschen und vierteln. Den Joghurt in einer Schüssel mit der Hälfte der Minze verrühren und mit Salz sowie 1 TL Kreuzkümmel würzen.

2 In einem Topf 3 EL Olivenöl erhitzen, die Zwiebeln darin bei mittlerer Hitze andünsten. Bulgur, Chili und 1 TL Kreuzkümmel hinzufügen und kurz mitdünsten. Mit ¼ l Gemüsebrühe ablöschen und zugedeckt 10 Min. köcheln lassen. Den Bulgur in eine Schüssel füllen und abkühlen lassen.

3 Inzwischen die Pinienkerne in einer kleinen Pfanne ohne Fett goldbraun rösten. Die restliche Minze, Petersilie, Tomaten, Zimtpulver, Rosinen, Pinienkerne und 2 EL Olivenöl unter den Bulgur mischen und die Füllung mit Salz würzen.

4 Die Paprikaschoten mit der Bulgurmasse füllen und nebeneinander in einen breiten, flachen Topf setzen. Die restliche Brühe seitlich angießen und die gefüllten Paprikaschoten zugedeckt bei mittlerer Hitze 15 Min. dünsten. Herausnehmen und noch warm mit dem Minzejoghurt servieren.

TIPP Die Paprikaschoten schmecken kalt ebenfalls ausgesprochen lecker. Wenn Sie sie am Vortag zubereiten, steht im Handumdrehen eine kleine Mahlzeit auf dem Tisch.

AUFLÄUFE & CO.

Wenn der herrlich verführerische Duft eines Auflaufs aus dem Ofen steigt und sich in der Küche breitmacht, wollen alle garantiert ganz schnell beim Tischdecken mithelfen – denn kaum einer kann dann noch die Zeit abwarten, bis der Bräter oder die Auflaufform mit der aromareichen Köstlichkeit endlich auf dem Tisch steht!

GEFÜLLTE TOMATEN MIT PFIFFERLINGEN

Diese Tomaten sind ein echter Hingucker, schmecken grandios und lassen sich dazu überraschend einfach zubereiten – was möchte man mehr?

Salz
125 g Bulgur
250 g Pfifferlinge
1 Frühlingszwiebel
1 Knoblauchzehe
100 g mittelalter Gouda
8 große Tomaten
6 EL Olivenöl
2 EL Aceto bianco
2 TL Dijonsenf
Cayennepfeffer
1 Prise Vollrohrzucker
6 EL gehackte Petersilie
1 kleines Bund Rucola

Leichtes Abendessen

Für 4 Personen |
40 Min. Zubereitung |
ca. 15 Min. Backen
Pro Portion ca. 390 kcal,
14 g EW, 24 g F, 28 g KH

1 In einem Topf 375 ml Wasser mit etwas Salz zum Kochen bringen. Bulgur dazugeben und zugedeckt ca. 10 Min. bei mittlerer Hitze köcheln lassen. In ein Sieb abgießen und abtropfen lassen.

2 Inzwischen die Pfifferlinge gründlich putzen und halbieren oder vierteln. Die Frühlingszwiebel putzen, waschen und in Ringe schneiden. Den Knoblauch schälen und fein würfeln. Den Käse grob reiben. Die Tomaten waschen und jeweils einen Deckel abschneiden. Das Kerngehäuse mit einem Teelöffel herauslösen und das Fruchtfleisch pürieren.

3 In einer beschichteten Pfanne 2 EL Olivenöl erhitzen und die Pilze mit dem Knoblauch darin anbraten. Restliches Öl in einer Schüssel mit Tomatenpüree, Aceto bianco, Senf, Salz, Cayennepfeffer und Zucker verrühren. 6 EL als Dressing beiseitestellen. Den Bulgur mit Frühlingszwiebelringen, Pilzen, 8 EL gewürztem Tomatenpüree und der Petersilie vermischen.

4 Den Backofen auf 200° vorheizen. Die Tomaten innen mit Salz und Cayennepfeffer würzen und mit der Bulgurmischung füllen. Die Tomaten in eine Auflaufform setzen und mit dem geriebenen Käse bestreuen. Das restliche Tomatenpüree seitlich angießen und die gefüllten Tomaten im Backofen (Mitte, Umluft 180°) 12 – 15 Min. überbacken.

5 Den Rucola waschen, trocken schütteln und verlesen, dabei die groben Stiele entfernen. Die Rucolablätter auf Teller verteilen und mit dem beiseitegestellten Dressing beträufeln. Die gefüllten Tomaten auf dem Rucolasalat anrichten.

HIRSEAUFLAUF MIT BUNTER PAPRIKA

1 Bund Frühlingswiebeln | 500 g Paprikascho-
ten (rot, gelb, grün) | 200 g Hirse | 4 EL Oli-
venöl | 4 TL gehackter Rosmarin | 400 ml Milch |
Salz | Pfeffer | 120 g Pecorino (ital. Hartkäse) |
100 g Sahne | 500 g Cocktailtomaten |
4 EL grobe Semmelbrösel | Fett für die Form

Für die ganze Familie

Für 4 Personen | 50 Min. Zubereitung
Pro Portion ca. 615 kcal, 21 g EW, 34 g F, 56 g KH

1   Die Frühlingszwiebeln putzen, waschen und in
feine Ringe schneiden. Die Paprikaschoten längs
halbieren, putzen, waschen und grob würfeln. Die
Hirse in ein Sieb geben, mit heißem Wasser waschen und abtropfen lassen.

2   In einem Topf 2 EL Olivenöl erhitzen und zwei
Drittel der Zwiebelringe darin glasig dünsten. Den
Rosmarin und die Hirse dazugeben. Mit Milch ablöschen, mit Salz und Pfeffer würzen und zugedeckt
bei mittlerer Hitze 5 Min. kochen lassen. Die Hirse-
masse anschließend bei schwacher Hitze weitere
10 – 12 Min. ausquellen lassen.

3   Pecorino fein reiben. Das restliche Öl in einer
Pfanne erhitzen und die Paprikawürfel darin kräftig
anbraten. Dann mit der Sahne und 60 g Pecorino
unter die Hirse mischen. Die Tomaten waschen und
quer halbieren.

4   Den Backofen auf 220° vorheizen. Die Hirse-
masse in eine gefettete Auflaufform füllen und die
Tomatenhälften darauf verteilen. Den restlichen
Pecorino und die Semmelbrösel darüberstreuen.
Den Hirseauflauf im Backofen (Mitte, Umluft 200°)
ca. 20 Min. backen. Mit den restlichen Zwiebelrin-
gen bestreut servieren.

OFEN-SPITZKOHL MIT KÄSESAUCE

150 g Instant-Couscous | 2 kleine Spitzkohl
(à 600 g) | 1 Zwiebel | 1 gelbe Paprikaschote |
100 g Bergkäse | 70 g Butter | 2 EL Mehl |
650 ml Milch | 4 TL gehackter Salbei | Salz |
Pfeffer | 4 EL grobe Semmelbrösel | 4 EL ge-
hackte Haselnüsse

Gelingt ganz leicht

Für 4 Personen |
40 Min. Zubereitung | ca. 18 Min. Backen
Pro Portion ca. 640 kcal, 25 g EW, 35 g F, 55 g KH

1 Den Couscous in einer Schüssel mit 300 ml kochendem, leicht gesalzenem Wasser übergießen.
Mit Frischhaltefolie zugedeckt 10 Min. quellen lassen. Vom Spitzkohl die äußeren Blätter entfernen,
die Köpfe halbieren und die Strünke herausschneiden. Zwiebel schälen und würfeln. Paprikaschote
halbieren, putzen, waschen und klein würfeln.

2 Den Käse fein reiben. In einem Topf 40 g Butter
erhitzen und das Mehl 4 – 5 Min. leicht anschwit-
zen. Unter Rühren mit der Milch ablöschen, einmal
kurz aufkochen lassen. Salbei und Käse unterrühren, die Sauce mit Salz und Pfeffer kräftig würzen.

3 Die restliche Butter in einer Pfanne erhitzen und
die Kohlhälften 8 Min. rundherum kräftig anbraten,
nebeneinander mit den Schnittflächen nach oben
in eine Auflaufform legen. Zwiebeln und Paprika im
in der Pfanne verbliebenen Fett 3 – 4 Min. braten.

4 Den Backofen auf 200° vorheizen. Zwiebeln
und Paprika mit dem Couscous vermischen und
auf den Spitzkohlhälften verteilen. Die Käsesauce
darauf verteilen und mit Semmelbröseln sowie
Haselnüssen bestreuen. Den Spitzkohl im Backofen (unten, Umluft 180°) ca. 18 Min. überbacken.

BUCHWEIZENCRESPELLE MIT NUSSKRUSTE

Der Duft dieser lecker gefüllten Pfannkuchen lockt wirklich jeden an den Tisch – und jeder wünscht sich sehnsüchtig, dass das Essen endlich aus dem Ofen kommt.

Für die Pfannkuchen:
150 g Buchweizenmehl
2 Eier
200 ml Mineralwasser
(mit Kohlensäure)
150 g saure Sahne
Salz | Butter zum Backen
Für die Füllung:
350 g Möhren
2 Zwiebeln
2 EL Olivenöl
je 1 kleines Bund Petersilie,
Basilikum und Majoran
100 g würziger Bergkäse
250 g Ricotta | Pfeffer
Für den Guss:
2 Eier | 150 g Sahne
Salz | Pfeffer
frisch geriebene Muskatnuss
50 g Haselnussblättchen
Außerdem:
Butter für die Form

Für die ganze Familie

Für 4 Personen |
1 Std. 30 Min. Zubereitung |
20 Min. Backen
Pro Portion ca. 765 kcal,
29 g EW, 56 g F, 35 g KH

1 Für den Teig das Buchweizenmehl in eine Schüssel geben. Eier, Mineralwasser, saure Sahne sowie 1 große Prise Salz dazugeben und alles zu einem glatten Teig verrühren (Bild 1). Den Teig zugedeckt mindestens 20 Min. quellen lassen.

2 Inzwischen für die Füllung die Möhren schälen und fein würfeln. Die Zwiebeln schälen und fein würfeln. Das Öl in einer Pfanne erhitzen und die Möhren darin unter Wenden 5 Min. anbraten. Zwiebeln hinzufügen und 2 Min. weiterbraten. Zum Abkühlen auf einen Teller geben. Petersilie, Basilikum und Majoran waschen und trocken schütteln. Die Blättchen von den Stielen zupfen und grob schneiden (Bild 2). Den Bergkäse reiben. Ricotta mit 50 g Bergkäse, Möhren-Zwiebel-Mischung und Kräutern vermischen. Die Füllung kräftig mit Salz und Pfeffer würzen.

3 Den Buchweizenteig nochmals gut durchrühren und daraus nacheinander 8 dünne Pfannkuchen backen. Dafür etwas Butter in einer beschichteten Pfanne (20 cm ∅) erhitzen, jeweils etwas Teig hineingeben und durch Schwenken der Pfanne gleichmäßig verteilen. Den Teig bei mittlerer Hitze pro Seite 3 – 4 Min. goldbraun backen. Die fertigen Pfannkuchen auf einem Teller stapeln.

4 Den Backofen auf 200° vorheizen. Eine Auflaufform mit etwas Butter einfetten. Jeweils etwas Füllung auf den unteren Hälften der Pfannkuchen verteilen, die Crespelle aufrollen und in die Form legen (Bild 3). Für den Guss Eier, Sahne, Salz, Pfeffer und 1 Prise Muskatnuss verrühren. Den Guss auf die Crespelle verteilen und mit dem restlichen Käse sowie den Haselnussblättchen bestreuen. Crespelle im Backofen (2. Schiene von unten, Umluft 180°) 20 Min. überbacken. Dazu schmeckt Tomatensalat.

QUINOA-RICOTTA-AUFLAUF MIT ZUCCHINI

Dieser köstliche Auflauf schmeckt jedem – weil er so schön locker und leicht ist und mit seiner zitronigen Würze frischen Wind auf den Tisch bringt.

150 g Quinoa
Salz
400 g schmale, läng-
liche Zucchini
2 kleine rote Zwiebeln
3 Stiele Rosmarin
350 g Cocktailtomaten
1 Knoblauchzehe
4 EL Olivenöl
Pfeffer
150 g kleine Mozzarellakugeln
60 g Parmesan
1 Bio-Zitrone
250 g Ricotta
150 g Ziegenfrischkäse
3 Eier
1 großes Bund Basilikum
40 g Pinienkerne
Fett für die Form

Schön würzig

Für 4 Personen |
25 Min. Zubereitung |
25 Min. Backen
Pro Portion ca. 755 kcal,
38 g EW, 52 g F, 30 g KH

1 Quinoa in ein Sieb geben und mit heißem Wasser waschen. In einem Topf 400 ml Wasser mit etwas Salz zum Kochen bringen. Quinoa hineingeben und zugedeckt bei mittlerer Hitze 15 Min. köcheln lassen. In ein Sieb abgießen und abtropfen lassen.

2 Inzwischen die Zucchini waschen, putzen und längs in dünne Streifen schneiden. Die Zwiebeln schälen und in feine Spalten schneiden. Den Rosmarin waschen und trocken schütteln, die Nadeln von den Stielen zupfen und grob hacken. Die Cocktailtomaten waschen und abtropfen lassen. Knoblauch schälen und fein würfeln. Das Olivenöl in einer Pfanne erhitzen und die Zwiebelspalten darin anbraten, dann herausnehmen. Im verbliebenen Bratfett die Zucchini mit Rosmarin und Knoblauch unter Wenden kurz und kräftig anbraten. Mit Salz und Pfeffer würzen.

3 Die Mozzarellakugeln abtropfen lassen, den Parmesan grob reiben. Die Zitrone heiß waschen und die Schale fein abreiben. Ricotta mit Ziegenfrischkäse, Eiern, Zitronenabrieb, Salz und Pfeffer verrühren. Quinoa und Zwiebeln unterheben. Basilikum waschen und trocken schütteln. Die Blättchen von den Stielen zupfen.

4 Den Backofen auf 200° vorheizen. Eine große Auflaufform leicht einfetten und die Ricotta-Quinoa-Masse mit den Basilikumblättchen darin verteilen. Zucchini, Tomaten und Mozzarellakugeln daraufgeben, mit Parmesan und Pinienkernen bestreuen. Den Auflauf im Backofen (Mitte, Umluft 180°) ca. 25 Min. backen.

QUINOA-MÖHREN-PUFFER

150 g Quinoa | Salz | 350 g Möhren | 100 g mittel-
alter Gouda | 10 g Ingwer | 2 Eier | 5 EL Schnitt-
lauchröllchen | 2 TL scharfes Currypulver |
200 g Schmand | 150 g Joghurt | 2 TL abgerie-
bene Bio-Limettenschale | 4 EL gehackter Kori-
ander | Olivenöl für das Backblech

Einfache Zubereitung

Für 4 Personen | 25 Min. Zubereitung |
20 Min. Backen
Pro Portion ca. 420 kcal, 18 g EW, 25 g F, 29 g KH

1 Die Quinoakörner in ein Sieb geben und mit heißem Wasser waschen. In einem Topf 375 ml Wasser
mit etwas Salz zum Kochen bringen. Die Quinoakörner dazugeben, ca. 20 Min. bei mittlerer Hitze
köcheln und anschließend ohne Hitzezufuhr 5 Min.
ausquellen lassen. Quinoa in ein Sieb abgießen
und abtropfen lassen.

2 Inzwischen die Möhren putzen, schälen, auf
der Gemüsereibe grob raspeln und den Saft aus-
drücken. Den Gouda grob reiben. Den Ingwer schälen und fein würfeln. Möhrenraspel mit Quinoa,
Ingwer, Eiern, Schnittlauchröllchen und Gouda in
einer Schüssel vermischen und kräftig mit Currypulver und Salz würzen.

3 Den Backofen auf 180° (Umluft) vorheizen und
zwei Backbleche mit Olivenöl fetten. Aus der Quinoamasse 16 Puffer auf dem Backblech formen.
Dafür je 2 EL Teig auf das Blech setzen und zu einem Puffer von ca. 10 cm Ø flach drücken. Die Puffer im Backofen (Mitte) 20 Min. goldbraun backen.

4 Inzwischen den Schmand mit dem Joghurt, der
Limettenschale, dem Koriander und etwas Salz
verrühren. Den Dip zu den noch warmen Quinoa-
Möhren-Puffern servieren.

BULGURAUFLAUF MIT ROTER BETE

750 g Rote Beten | 2 Pink Grapefruit | 2 rote Zwiebeln | 3 EL Olivenöl | Salz | 1 gestrichener TL Chiliflocken | 6 TL Thymianblättchen | 3 TL Kapern | 250 g Bulgur | 100 g cremiger Gorgonzola | 75 g Pecorino (ital. Hartkäse aus Schafsmilch) | 250 g Mascarpone (ital. Frischkäse) | 3 TL gehackter Rosmarin

Lässt sich gut vorbereiten

Für 4 Personen | 1 Std. Zubereitung
Pro Portion ca. 870 kcal, 23 g EW, 52 g F, 73 g KH

1 Die Roten Beten schälen und mit dem Gemüsehobel in feine Scheiben hobeln. Die Grapefruits mit einem Messer filetieren. Die Zwiebeln schälen und in dünne Spalten schneiden.

2 Den Backofen auf 200° vorheizen. Das Olivenöl in einer Pfanne erhitzen und die Zwiebeln darin glasig dünsten. Die Roten Beten mit Salz, ½ TL Chiliflocken, 3 TL Thymianblättchen sowie den Kapern würzen und in eine Auflaufform geben. Die Zwiebelspalten und die Grapefruitfilets untermischen. Die Roten Beten im Backofen (Mitte, Umluft 180°) 25 Min. schmoren.

3 Inzwischen in einem Topf 375 ml Wasser mit etwas Salz zum Kochen bringen. Den Bulgur dazugeben und ca. 10 Min. köcheln lassen, anschließend etwas abkühlen lassen. Den Gorgonzola klein würfeln, den Pecorino reiben.

4 Die Backofentemperatur auf 220° (Umluft 200°) erhöhen. Bulgur mit Mascarpone, den restlichen Chiliflocken und Thymianblättchen sowie dem Rosmarin verrühren und auf die Roten Beten geben. Den Bulgurauflauf mit Gorgonzola und Pecorino bestreuen und weitere 15 – 18 Min. garen.

AMARANTHFLADEN MIT ROSMARIN

Raffiniert und dazu noch richtig gesund: Dieses Fladenbrot ist der Renner für die nächste Party – da bleibt garantiert kein Krümel mehr übrig!

Für das Brot:

125 g Amaranth
100 g Amaranthmehl
(siehe S. 7)
400 g Dinkelvollkornmehl
4 EL gehackter Rosmarin
2 gestrichene TL Salz
½ Würfel Hefe (20 g)
1 TL Vollrohrzucker oder Honig
150 g Buttermilch
4 EL Olivenöl
Mehl für das Backblech und
zum Bearbeiten

Für den Dip:

50 g Basilikumblättchen
40 g in Öl eingelegte getrocknete Tomaten
2 Frühlingszwiebeln
1 Knoblauchzehe
250 g Datteltomaten
400 g Hirtenkäse
(ersatzweise Feta)
100 g Joghurt
50 g Sahne
3 TL Kapern
Salz
Cayennepfeffer

Gesundes Genießerbrot

Für 8 Personen |
30 Min. Zubereitung |
1 Std. 15 Min. Ruhen |
40 Min. Backen
Pro Portion ca. 525 kcal,
23 g EW, 24 g F, 53 g KH

1 Die Amaranthkörner in einem Topf bei mittlerer Hitze unter Wenden kurz rösten. Mit 375 ml Wasser ablöschen und zugedeckt ca. 25 Min. bei schwacher Hitze köcheln lassen. In eine Schüssel umfüllen und abkühlen lassen.

2 Das Amaranth- und Dinkelvollkornmehl, den Rosmarin und das Salz in einer Rührschüssel vermischen. 50 ml lauwarmes Wasser in eine kleine Schüssel geben und die Hefe hineinbröckeln. Zucker oder Honig hinzufügen und alles verrühren, bis die Hefe gelöst ist. Die Buttermilch in einem kleinen Topf lauwarm erhitzen. Hefegemisch, Buttermilch, Olivenöl und gegarten Amaranth zur Mehlmischung geben und alles mit den Knethaken des Handrührgeräts 4 – 5 Min. zu einem glatten Teig verkneten. Den Teig zugedeckt ca. 45 Min. gehen lassen.

3 Den Teig nochmals 2 Min. gut durchkneten. Falls der Teig noch sehr weich (fast zähflüssig) ist, noch ca. 5 gehäufte EL Mehl unterkneten. Ein Backblech mit Backpapier belegen und mit Mehl einen Kreis (35 cm ⌀) darauf stäuben. Teig in die Mitte des Mehlkreises geben und mithilfe eines Teigschabers zu einem gleichmäßig runden Fladen von etwa 30 cm ⌀ formen. Fladen mit Mehl bestäuben und zugedeckt weitere 30 Min. gehen lassen.

4 Den Backofen auf 240° vorheizen. Das Brot im Backofen (Mitte) 10 Min. backen. Die Backofentemperatur auf 200° reduzieren und das Brot ca. weitere 30 Min. backen.

5 Inzwischen für den Dip die Basilikumblättchen waschen, trocken schleudern und grob schneiden. Die eingelegten Tomaten abtropfen lassen und grob würfeln. Die Frühlingszwiebeln putzen, waschen und in Ringe schneiden. Den Knoblauch schälen und hacken. Die Datteltomaten waschen und vierteln. Hirtenkäse, Joghurt, Sahne, Basilikum, eingelegte Tomaten, die Hälfte der Frühlingszwiebeln, Kapern, etwas Salz und Cayennepfeffer in einen hohen Becher geben und mit dem Stabmixer pürieren. Den Dip in eine breite Schale geben und mit Datteltomaten, restlichen Frühlingszwiebeln und einigen Basilikumblättchen bestreuen.

AUS TOPF & PFANNE

Da ist Widerstand zwecklos … Schon beim Blick in den Topf oder die Pfanne wird einem ganz warm ums Herz. Exotisch gewürzte Suppen, Gerichte mit viel farbenfrohem Gemüse oder saftige Omeletts und Frittatas werden schnell zu echten Lieblingsspeisen. Verwöhnen auch Sie Ihre Gäste mit einem Essen, das ruck, zuck auf dem Tisch steht und dennoch durch Raffinesse besticht!

ORIENTALISCHE TOMATEN-AUBERGINEN-SUPPE

Zugegeben, die Kombination von frischen Kräutern, Gewürzen und einer fruchtigen Note ist meine Leidenschaft. Die Tomatensuppe schmeckt dadurch besonders spannend.

1 große Zwiebel
1 Chilischote
1 Granatapfel
1 kleine Aubergine (ca. 300 g)
200 g Aprikosen
150 g Hirse
4 EL Olivenöl
3 TL Ras-el-Hanout (arabische Gewürzmischung)
750 ml Gemüsebrühe
2 Packungen passierte Tomaten (à 500 g Inhalt)
Salz
1 TL brauner Rohrzucker
1 Handvoll Minzeblättchen
40 g Mandelstifte

Raffiniert gewürzt

Für 4 Personen |
50 Min. Zubereitung
Pro Portion ca. 420 kcal,
11 g EW, 18 g F, 49 g KH

1 Die Zwiebel schälen und würfeln. Die Chilischote waschen und je nach Schärfewunsch mit oder ohne Kerne fein hacken. Den Granatapfel halbieren und die Kerne herauslösen, dabei die weißen Trennhäute entfernen. Die Aubergine waschen, putzen und fein würfeln. Die Aprikosen waschen, halbieren und die Steine entfernen. Das Fruchtfleisch grob würfeln.

2 Die Hirse in ein Sieb geben, mit heißem Wasser waschen und gut abtropfen lassen. 2 EL Olivenöl in einem Topf erhitzen. Die Hälfte der Zwiebelwürfel und die Chilischote darin glasig dünsten. Die Hirse und 1 TL Ras-el-Hanout hinzufügen, kurz mitdünsten und mit 450 ml Gemüsebrühe ablöschen. Alles zugedeckt bei mittlerer Hitze 5 Min. köcheln und anschließend ohne Hitzezufuhr weitere 10 Min. ausquellen lassen.

3 Inzwischen das restliche Öl in einem Topf erhitzen und die übrigen Zwiebelwürfel darin glasig dünsten. Auberginen und Aprikosen dazugeben und kurz mitdünsten. 300 ml Gemüsebrühe und die passierten Tomaten hinzufügen, mit Salz, restlichem Ras-el-Hanout sowie Zucker würzen und zugedeckt 15 Min. dünsten.

4 Die Minzeblättchen waschen, trocken schleudern und grob hacken. Die Mandelstifte in einer kleinen Pfanne ohne Fett goldbraun rösten. Granatapfelkerne, Mandelstifte und Minze unter die Hirse mischen und zur Suppe servieren.

TIPP Diese Tomatensuppe bekommt durch die Aprikosen ein leicht fruchtig-süßes Aroma. Doch sie schmeckt auch pikant sehr lecker: Verwenden Sie dann einfach anstelle der Aprikosen 200 g kleine Zucchini.

SÜSSKARTOFFELSUPPE

2 Schalotten | 1 walnussgroßes Stück Ingwer | 40 g Butter | 150 g Perlgraupen | 350 g Süßkartoffeln | 2 reife Papayas | 2 gestrichene EL scharfes Currypulver | Salz | Pfeffer | 4 Kaffir-Limettenblätter (Asiaabteilung) | 400 ml Kokosmilch | 6 EL gehackter Koriander

Exotischer Genuss

Für 4 Personen | 35 Min. Zubereitung
Pro Portion ca. 510 kcal, 8 g EW, 27 g F, 50 g KH

1 Die Schalotten und den Ingwer schälen und fein würfeln. 20 g Butter in einem Topf erhitzen, Schalotten und Ingwer darin glasig dünsten. Die Graupen kurz mitdünsten. Mit 450 ml Wasser ablöschen und zugedeckt 25 – 30 Min. köcheln lassen.

2 Inzwischen die Süßkartoffeln schälen und grob würfeln. Die Papayas schälen, halbieren, entkernen und ebenfalls grob würfeln. Die restliche Butter in einem Topf erhitzen und die Süßkartoffeln darin andünsten. Mit Currypulver, etwas Salz und Pfeffer würzen. Kaffir-Limettenblätter, Kokosmilch und 350 ml Wasser hinzufügen und alles zugedeckt 6 – 7 Min. köcheln lassen.

3 Die Papayastücke dazugeben und alles 5 Min. weiterköcheln lassen. Dann die Limettenblätter entfernen. Die Suppe mit dem Stabmixer pürieren und kräftig mit Salz und Pfeffer abschmecken. Die Graupen mit dem gehackten Koriander mischen und mit der Suppe servieren.

TIPP

Wer nicht so gern scharf isst, kann natürlich ebensogut ein mildes Currrypulver verwenden. Supermärkte oder Gewürzläden halten für jeden Geschmack die passende Sorte bereit.

SPITZKOHL-MÖHREN-EINTOPF

1 kleiner Spitzkohl (ca. 600 g) | 600 g Möhren | je 1 TL Koriander-, Piment- und Fenchelsamen | 30 g Butter | Salz | Pfeffer | 200 g geräucherter Tofu | 200 g Couscous | 1 Bund glatte Petersilie

Herrlich würzig und deftig

Für 4 Personen | 30 Min. Zubereitung
Pro Portion ca. 360 kcal, 18 g EW, 11 g F, 47 g KH

1 Vom Spitzkohl die äußeren Blätter entfernen, den Kohl längs halbieren und den Strunk keilförmig herausschneiden. Die Spitzkohlhälften grob würfeln. Die Möhren schälen und in feine Scheiben schneiden. Koriander, Fenchel und Piment im Mörser fein zerstoßen.

2 Die Butter in einem Topf erhitzen und das Gemüse darin ca. 3 Min. andünsten. Die zerstoßenen Gewürze, Salz und Pfeffer hinzufügen und kurz mitdünsten. Mit 1,2 l heißem Wasser ablöschen und zugedeckt ca. 5 Min. köcheln lassen.

3 Inzwischen den Tofu würfeln, zusammen mit dem Couscous zum Eintopf geben und 5 Min. weiterköcheln lassen. Die Petersilie waschen und trocken schütteln. Die Blättchen von den Stielen zupfen und grob schneiden. Den Eintopf mit Petersilie bestreuen und sofort servieren.

TIPP

Die feinwürzigen Fenchelsamen sind in Gewürzläden, Bioläden oder auch in der Apotheke erhältlich. Doch Sie können ebensogut den Inhalt eines Fenchelteebeutels für das Gericht verwenden. Zerkleinern Sie die Samen nicht auf Vorrat – denn sind sie erst einmal zerstoßen, verlieren sie schnell an Aroma.

KÜRBISEINTOPF MIT AMARANTHKLÖSSCHEN

Löffel für Löffel ist dieser farbenfrohe, wärmende Herbst- und Wintereintopf
ein purer Genuss und bleibt noch lange in guter Erinnerung.

Für den Eintopf:
2 Zwiebeln
1,2 kg Butternutkürbis
1 Bund Majoran
1 Bio-Zitrone
3 EL Olivenöl
Salz | Pfeffer
Für die Klößchen:
50 g mittelalter Gouda
2 Eier | Salz
1 Bund Schnittlauch
(in Röllchen)
5 EL gehackte Petersilie
50 g gepuffter Amaranth
(Amaranthpops)
60 g Butter
Außerdem:
3 kleine säuerliche Äpfel
(z. B. Elstar oder Jonagold)

Einfach köstlich

Für 4 Personen |
40 Min. Zubereitung
Pro Portion ca. 405 kcal,
11 g EW, 28 g F, 26 g KH

1 Die Zwiebeln schälen und würfeln. Den Kürbis in dicke Scheiben schneiden, die Kerne mit einem Esslöffel entfernen und den Kürbis schälen. Das Fruchtfleisch grob würfeln. Den Majoran waschen, trocken schütteln und die Blättchen von den Stielen zupfen. Die Zitrone heiß waschen und die Schale fein abreiben.

2 Das Öl in einem Topf erhitzen und die Zwiebelwürfel darin glasig dünsten. Das Kürbisfruchtfleisch hinzufügen und kurz mitdünsten. 1 l Wasser dazugeben, mit der Hälfte des Majorans, Salz, Pfeffer und 2 TL Zitronenschale würzen. Den Eintopf zugedeckt 10 Min. bei mittlerer Hitze köcheln lassen.

3 Für die Klößchen den Gouda reiben. Die Eier trennen. Die Eiweiße mit etwas Salz steif schlagen und Schnittlauch, Petersilie, Gouda, Eigelbe sowie den Amaranth unterheben. 30 g Butter in einer Pfanne erhitzen. Aus der Klößchenmasse mithilfe von zwei Teelöffeln kleine Nocken abstechen und diese in der Butter rundherum 4 – 5 Min. hellbraun braten. Aus der Pfanne nehmen und auf Küchenpapier abtropfen lassen.

4 Die Äpfel waschen, vierteln und das Kerngehäuse entfernen. Die Äpfel in dünne Spalten schneiden. Die restliche Butter in einer Pfanne erhitzen und die Apfelspalten mit den restlichen Majoranblättchen 3 Min. darin braten. Die Amaranthklößchen und die Apfelspalten in den Eintopf geben und sofort servieren.

TIPP Die Klößchen schmecken auch gut zu einem herbstlichen Salat mit im Ofen gebratenen Kürbisspalten. Diese auf Feldsalat anrichten und mit Kürbiskern-Vinaigrette beträufeln.

MANGOLDFRITTATA MIT SCHAFSKÄSE

500 g rotstieliger Mangold | 3 Frühlingszwiebeln | 10 Eier | 100 g Schmand | Salz | Pfeffer | 2 TL abgeriebene Bio-Limettenschale | 4 EL Olivenöl | 3 EL gehackter Oregano | 70g gepuffter Amaranth (Amaranthpops) | 150 g Schafskäse | 50 g Haselnussblättchen

Schmeckt auch kalt wunderbar

Für 8 Stücke | 15 Min. Zubereitung |
ca. 18 Min. Backen
Pro Portion ca. 305 kcal, 15 g EW, 24 g F, 7 g KH

1 Den Mangold waschen und putzen. Die Stiele abschneiden und in grobe Stücke schneiden, die Mangoldblätter in feine Streifen schneiden. Die Frühlingszwiebeln waschen, putzen und in Ringe schneiden. Die Eier mit Schmand, etwas Salz und Pfeffer sowie der Limettenschale in eine Schüssel geben und mit dem Schneebesen verrühren.

2 Den Backofen auf 200° vorheizen. Das Öl in einer beschichteten Pfanne erhitzen und die Mangoldstiele darin 5 Min. kräftig anbraten. Zwiebelringe, Mangoldblätter und Oregano dazugeben und kurz mitbraten. Mit Salz und Pfeffer würzen.

3 Die Eiermasse mit dem Amaranth vermischen und über das Gemüse gießen. Den Schafskäse darüberbröckeln und mit den Haselnussblättchen bestreuen. Die Frittata im Backofen (Mitte, Umluft 180°) 15 – 18 Min. stocken lassen.

TIPP

Mangold wird von Juli bis September angeboten. Die Blätter ähneln Spinat, sind aber kräftiger im Geschmack, die Stiele schmecken leicht erdig. Falls Sie keinen roten Mangold erhalten, verwenden Sie weißstieligen, alternativ Pak Choi oder Wurzelspinat.

BUCHWEIZEN-GEMÜSE-OMELETTS

100 g Buchweizen | Salz | 350 g Süßkartoffeln |
1 gelbe Paprikaschote | 3 EL Olivenöl | 5 TL ge-
hackter Salbei | Pfeffer | 10 Eier | 150 g Ziegen-
frischkäse | 60 g Butterschmalz | 1 Handvoll
Basilikumblättchen

Würzig-fein

Für 4 Omeletts | 50 Min. Zubereitung
Pro Portion ca. 675 kcal, 27 g EW, 46 g F, 37 g KH

1 Den Buchweizen in ein Sieb geben und mit heißem Wasser waschen. Mit 200 ml Wasser und etwas Salz in einem Topf zum Kochen bringen und
zugedeckt 20 Min. köcheln lassen. Die Süßkartoffeln schälen und fein würfeln. Die Paprikaschote
halbieren, putzen, waschen und fein würfeln.

2 Das Olivenöl in einer Pfanne erhitzen. Süßkartoffeln, Paprika und Salbei darin bei mittlerer Hitze

rundherum 5 – 6 Min. anbraten. Den Buchweizen
in ein Sieb abgießen und in die Pfanne geben. Mit
Salz und Pfeffer würzen.

3 Die Eier trennen. Die Eigelbe mit dem Ziegenfrischkäse und etwas Pfeffer verrühren. Eiweiße
steif schlagen und unter die Eigelb-Ziegenkäse-
Masse heben.

4 In einer beschichteten Pfanne (20 cm Ø) etwas
Butterschmalz erhitzen und nacheinander 4 Omeletts backen. Dafür jeweils ein Viertel der Eiermasse in die Pfanne geben und ein Viertel der
Gemüse-Buchweizen-Masse darauf verteilen. Das
Omelett bei mittlerer Hitze 3 – 4 Min. backen, bis
es an der Oberfläche zu stocken beginnt, dann
wenden und in weiteren 3 – 4 Min. fertig backen.
Zum Servieren mit Basilikumblättchen bestreuen.

ROTE-BETE-GRAUPOTTO MIT PETERSILIENÖL

Dieses würzig-feine Graupotto schmeckt nach Herbst und mehr.
Da möchte jeder gern noch eine Kelle Nachschlag haben!

Für das Graupotto:
500 g kleine Rote Beten
2 Schalotten
30 g Ingwer
3 EL Olivenöl
300 g Perlgraupen
200 ml Weißwein
400 ml Kokosmilch
Salz | Pfeffer
50 g Haselnusskerne
70 g Parmesan, frisch gerieben
Für das Petersilienöl:
1 Bund glatte Petersilie
2 TL Zitronensaft
8 EL Olivenöl

Herbstleuchten auf dem Teller

Für 4 Personen |
45 Min. Zubereitung
Pro Portion ca. 985 kcal,
18 g EW, 66 g F, 71 g KH

1 Die Roten Beten schälen und in feine Spalten schneiden. Die Schalotten schälen und in feine Würfel schneiden. Den Ingwer schälen und fein hacken.

2 In einem Topf 3 EL Öl erhitzen. Die Schalottenwürfel und den Ingwer darin glasig dünsten. Die Graupen dazugeben und kurz mitdünsten. Mit dem Wein ablöschen und unter Rühren weiterdünsten, bis die Graupen den Wein aufgesogen haben (Bild 1).

3 Die Roten Beten hinzufügen und etwas Kokosmilch dazugießen. Kräftig mit Salz und Pfeffer würzen. Nach und nach die restliche Kokosmilch und 300 ml Wasser dazugießen und die Graupen bei mittlerer Hitze unter gelegentlichem Rühren 25 – 30 Min. garen. Inzwischen die Haselnüsse grob hacken und in einer kleinen Pfanne ohne Fett rösten (Bild 2).

4 Für das Petersilienöl die Petersilie waschen und trocken schütteln. Die Blättchen abzupfen und grob hacken (Bild 3). Petersilie mit Zitronensaft und Olivenöl in einem hohen Becher mit dem Stabmixer pürieren. Den Parmesan unter das Graupotto rühren. Das Graupotto mit Petersilienöl und Haselnüssen anrichten.

TIPP Wer keine Nüsse mag oder allergisch darauf reagiert und trotzdem nicht auf etwas Knuspriges verzichten möchte, für den gibt es als leckere Alternative selbst gemachte Croûtons. Einfach 1 – 2 Scheiben Dinkelbrot oder Vollkornbrot würfeln. Die Brotwürfel in etwas heißer Butter rundherum goldbraun und knusprig anbraten und direkt vor dem Servieren über das Graupotto streuen.

MÖHRENHIRSOTTO MIT MANCHEGO

4 Schalotten | 500 g Möhren | 5 EL Butter |
300 g Hirse | 200 ml Weißwein | Salz | ½ TL Chi-
liflocken | 700 – 800 ml Möhrensaft | 2 TL abge-
riebene Bio-Zitronenschale | 6 EL Zitronensaft |
1 EL Honig | 100 g Manchego (span. Hartkäse
aus Schafsmilch) | 6 EL gehackte Petersilie

Einfach und lecker

Für 4 Personen | 30 Min. Zubereitung
Pro Portion ca. 595 kcal, 16 g EW, 22 g F, 72 g KH

1 Schalotten und Möhren schälen und fein würfeln. 2 EL Butter in einem Topf erhitzen. Schalotten
darin glasig dünsten, Hirse dazugeben und unter
Rühren 3 Min. dünsten. Weißwein angießen und
unter Rühren weiterdünsten, bis der Wein aufgesogen ist. Mit Salz und Chili würzen. Nach und nach
700 ml Möhrensaft dazugießen und bei mittlerer
Hitze ca. 15 Min. garen, dabei ab und zu rühren.

2 Inzwischen in einer Pfanne die restliche Butter
erhitzen und die Möhren darin 5 Min. anbraten.
Zitronenschale, Zitronensaft und Honig hinzufügen. Möhren zur Hirse geben und 2 Min. mitgaren.
Den Manchego reiben und unter den Hirsotto heben. Der Hirsotto sollte eine cremige Konsistenz
haben, bei Bedarf noch etwas Möhrensaft hinzufügen. Hirsotto auf Teller verteilen und mit der Petersilie sowie nach Belieben mit gehobeltem Manchego garnieren. Dazu nach Belieben gebratene
Cocktailtomaten servieren.

TIPP

Dazu schmecken gebratene Tomaten:
250 g Datteltomaten halbieren und mit 1 gehackten Knoblauchzehe und 3 TL Thymian in
4 EL Olivenöl bei starker Hitze 1 Min. anbraten.
Mit Salz, Chiliflocken, 1 TL Zucker und
2 – 3 EL Aceto balsamico abschmecken.

CRANBERRYQUINOA MIT MINZEJOGHURT

2 rote Zwiebeln | 350 g Möhren | 1 rote Chili-schote | 60 g Mandeln | 3 Kardamomkapseln | 1 TL Kreuzkümmel | 150 g Quinoa | 40 g Butter | 1 TL Zimtpulver | 70 g getrocknete Cranberrys | 100 ml Orangensaft, frisch gepresst | Salz | 250 g griechischer Joghurt (10 % Fett) | 5 EL ge-hackte Minze

Gelingt ganz leicht

Für 4 Personen | 30 Min. Zubereitung
Pro Portion ca. 405 kcal, 12 g EW, 25 g F, 33 g KH

1 Die Zwiebeln und die Möhren schälen. Die Zwie-beln in feine Spalten, die Möhren in dünne Schei-ben schneiden. Die Chilischote längs halbieren, entkernen, waschen und fein hacken. Die Mandeln grob hacken. Die Kardamomkapseln in einem Mör-ser zunächst nur grob zerstoßen und die Samen-schalen entfernen. Den Kreuzkümmel zu den Kar-damomsamen in den Mörser geben und alles fein zerstoßen. Die Quinoakörner in ein Sieb geben und mit heißem Wasser waschen.

2 Die Butter in einem Topf oder einer Pfanne erhitzen. Zwiebelspalten und Möhren kurz darin anbraten, dann Chili, Kardamom-Kreuzkümmel-Mischung und Zimtpulver hinzufügen und kurz mitdünsten. Quinoa und Cranberrys dazugeben, mit Orangensaft und 300 ml Wasser ablöschen. Mit Salz würzen und zugedeckt bei mittlerer Hitze ca. 20 Min. köcheln lassen.

3 Den Topf von der Herdplatte nehmen und die Cranberryquinoa ohne Hitzezufuhr noch 5 Min. ausquellen lassen. Die Mandeln drüberstreuen. Inzwischen den Joghurt mit der gehackten Minze verrühren, mit Salz würzen. Den kühlen Minzejo-ghurt zur warmen Cranberryquinoa servieren.

DESSERTS & GEBÄCK

Happy hour ...
heißt es, wenn zum krönenden Abschluss Süßes mit Fruchtigem zu einer Einheit
verschmilzt. Dann kann die Portion dieser Köstlichkeiten gar nicht groß genug sein,
und jeder wünscht sich, dass dieses süße Finale niemals enden möge.

RICOTTAAUFLAUF MIT JOHANNISBEEREN

Sauer macht lustig. Die feine Säure von Johannisbeeren macht den Auflauf so unvergleichlich sommerlich und fruchtig frisch – einfach ein herrliches Vergnügen.

1 Vanilleschote
1 Bio-Limette
120 ml Milch
Salz
120 g Couscous
je 200 g Rote und Schwarze Johannisbeeren
80 g sehr weiche Butter
100 g Vollrohrzucker
3 Eier
500 g Ricotta (ersatzweise Quark oder Schichtkäse)
Außerdem:
Butter für die Form
4 – 5 Cantuccini
(ital. Mandelgebäck)

Himmlischer Sommertraum

Für 4 Personen |
20 Min. Zubereitung |
45 Min. Backen
Pro Portion ca. 770 kcal,
25 g EW, 45 g F, 63 g KH

1 Für die Ricottamasse die Vanilleschote längs aufschlitzen und das Mark mit einem kleinen Messer herauskratzen. Die Limette heiß waschen, trocken reiben und die Schale fein abreiben. Limette halbieren und Saft auspressen. Die Milch mit Vanillemark und -schote, Limettenschale und 1 Prise Salz in einen Topf geben und zum Kochen bringen. Den Couscous unter Rühren dazugeben. Den Topf von der Herdplatte nehmen und den Couscous zugedeckt 5 Min. quellen lassen. Lauwarm abkühlen lassen, Vanilleschote entfernen und den Couscous mit einer Gabel auflockern.

2 Die Johannisbeeren in ein Sieb geben, waschen und abtropfen lassen. Die Beeren mit einer Gabel von den Stielen abstreifen. Eine große Auflaufform oder vier Portions-Auflaufformen mit Butter einfetten. Den Backofen auf 180° vorheizen.

3 Die Butter in einer Schüssel mit den Schneebesen des Handrührgeräts cremig rühren. Den Zucker teelöffelweise unterrühren. Die Eier nacheinander dazugeben und jeweils unterrühren, bis sich das Ei mit der Butter-Zucker-Masse gut verbunden hat. Den Ricotta unterrühren und zum Schluss den Couscous mit einem Teigschaber unterheben.

4 Die Couscousmasse und die Johannisbeeren abwechselnd in die Auflaufform füllen. Dazu mit der Couscousmasse beginnen und mit Beeren abschließen. Die Cantuccini in einen Gefrierbeutel geben und mit dem Nudelholz darüber rollen. Den Auflauf mit den Cantuccinibröseln bestreuen und im Backofen (Mitte) je nach Formgröße 35 – 45 Min. backen, bis die Oberfläche goldbraun ist. Dazu passt eine Fruchtsauce aus frisch pürierten Früchten. Der Auflauf schmeckt auch kalt sehr gut.

BRATÄPFEL MIT QUINOA-MARZIPAN-FÜLLUNG

50 g Quinoa | 300 ml Orangensaft, frisch gepresst | 1 TL Zimtpulver | 40 g getrocknete Kirschen | 1 Ei | 50 g Vollrohrzucker | 100 g Marzipanrohmasse | 4 große Äpfel (z. B. Elstar) | 40 g Mandelblättchen

Ein Herbst-und Wintertraum

Für 4 Personen |
30 Min. Zubereitung | ca. 45 Min. Backen
Pro Portion ca. 405 kcal, 9 g EW, 15 g F, 58 g KH

1 Die Quinoakörner in ein Sieb geben und mit heißem Wasser waschen. 125 ml Orangensaft in einen Topf geben und zum Kochen bringen. Quinoa, Zimtpulver und Kirschen zum Orangensaft in den Topf geben und alles zugedeckt bei mittlerer Hitze 20 Min. köcheln lassen. Die Quinoamasse anschließend ohne Hitzezufuhr auf der Herdplatte 5 Min. ausquellen lassen.

2 Inzwischen das Ei trennen. Das Eiweiß steif schlagen, dann unter Rühren langsam den Zucker einrieseln lassen. Die Marzipanrohmasse mit einer Küchenreibe fein über die Quinoa reiben. Das Eigelb hinzufügen und alles verrühren. Zum Schluss das steif geschlagene Eiweiß unterheben.

3 Den Backofen auf 180° vorheizen. Die Äpfel waschen und halbieren. Das Kerngehäuse mit einem Kugelausstecher herauslösen. Die Apfelhälften nebeneinander in eine Auflauf- oder Tarteform setzen und mit der Quinoamasse füllen. Die gefüllten Äpfel mit den Mandelblättchen bestreuen. Den restlichen Orangensaft seitlich angießen, sodass der Boden der Form damit bedeckt ist. Die Äpfel im Backofen (unten, Umluft 160°) 35 – 45 Min. backen, bis die Oberfläche goldbraun ist. Dazu nach Belieben Vanillesauce servieren.

HIRSE-MANDEL-AUFLAUF MIT KIRSCHEN

300 ml Milch | 1 TL abgeriebene Bio-Zitronen-schale | Salz | 100 g Vollrohrzucker | 80 g Hirse | 2 Eier | 400 g Magerquark | 300 g frische oder TK-Sauerkirschen, entsteint | 50 g Mandelblätt-chen | 2 EL Puderzucker | Butter für die Form

Einfache Zubereitung

Für 4 Personen |
25 Min. Zubereitung | 30 Min. Backen
Pro Portion ca. 500 kcal, 25 g EW, 18 g F, 59 g KH

1 Die Milch mit der Zitronenschale, 1 Prise Salz und 40 g Zucker in einen Topf geben und zum Kochen bringen. Die Hirse hinzufügen und alles bei mittlerer Hitze unter gelegentlichem Rühren ca. 5 Min. köcheln lassen. Anschließend ohne Hitzezufuhr zugedeckt 10 Min. ausquellen lassen. Die Hirse in eine Schüssel umfüllen und lauwarm abkühlen lassen.

2 Die Eier trennen. Die Eigelbe mit dem Quark verrühren, dann die Hirse unterrühren. Die Eiweiße steif schlagen, dabei nach und nach den restlichen Zucker unter Rühren dazugeben. Den Eischnee unter die Quark-Hirse-Masse heben.

3 Den Backofen auf 200° vorheizen. Eine Auflauf-form (für 4 Portionen) mit Butter ausfetten und die Quark-Hirse-Masse hineinfüllen. Die Sauerkirschen gleichmäßig darauf verteilen und dabei leicht in den Teig drücken. Den Auflauf mit den Mandeln bestreuen und im Backofen (Mitte, Umluft 180°) ca. 30 Min. backen, bis die Oberfläche goldbraun ist. Den Hirse-Mandel-Auflauf zum Servieren mit dem Puderzucker bestreuen.

SAHNEQUINOA MIT PFLAUMENKOMPOTT

Dieses Dessert ist super einfach zuzubereiten, schmeckt himmlisch luftig und ist
zudem noch Schicht für Schicht ein echter Hingucker.

Für die Sahnequinoa:
½ Vanilleschote
70 g Quinoa
75 ml Orangensaft
Salz
50 g Vollrohrzucker
150 g Joghurt
4 TL Honig
200 g Sahne
Für das Pflaumenkompott:
350 g Pflaumen
175 ml Cranberrysaft
1 Sternanis
40 g Vollrohrzucker
1 gehäufter TL Speisestärke
Außerdem:
50 g Zartbitterkuvertüre

Macht was her

Für 4 Personen |
40 Min. Zubereitung
Pro Portion ca. 490 kcal,
6 g EW, 23 g F, 63 g KH

1 Für die Sahnequinoa die Vanilleschote längs aufschneiden und das Mark mit einem kleinen Messer herauskratzen. Die Quinoa-körner in ein Sieb geben und mit heißem Wasser waschen. Den Orangensaft mit 125 ml Wasser, Vanillemark und -schote, 1 Prise Salz und dem Zucker in einen Topf geben und aufkochen lassen. Quinoa dazugeben und bei mittlerer Hitze zugedeckt ca. 20 Min. köcheln lassen. Anschließend ohne Hitzezufuhr zugedeckt 5 Min. ausquellen lassen. In eine Schüssel umfüllen und abkühlen lassen.

2 Inzwischen für das Pflaumenkompott die Pflaumen waschen, halbieren, entsteinen und in Spalten schneiden. Die Pflaumen mit Cranberrysaft, Sternanis und 40 g Zucker in einen Topf geben, aufkochen lassen und zugedeckt 5 Min. dünsten. Die Speisestärke mit 2 – 3 EL kaltem Wasser glatt verrühren. Unter Rühren zu den Pflaumen geben und aufkochen lassen, bis die Masse leicht gebunden ist. Das Pflaumenkompott abkühlen lassen.

3 Zum Fertigstellen der Sahnequinoa den Joghurt mit dem Honig cremig verrühren und die abgekühlte Quinoamasse unterrühren. Die Sahne steif schlagen und vorsichtig unterheben.

4 Die Sahnequinoa abwechselnd mit dem Pflaumenkompott in vier Gläser schichten. Die Zartbitterkuvertüre mit einem scharfen Messer in Stücke hacken und auf die Desserts streuen.

TIPP Quinoa, auch Inkakorn oder Perureis genannt, ist sehr gesund und auch zum Frühstück schon willkommen. Dafür die Quinoa einfach schon am Vorabend vorbereiten, garen und abkühlen lassen. In ein Vorratsgefäß füllen und zugedeckt in den Kühlschrank stellen. Am nächsten Morgen mit frisch geschnittenem Obst und Joghurt servieren.

AMARANTHBRÖTCHEN MIT HASELNÜSSEN

Ideal fürs Sonntagsfrühstück: Diese Brötchen lassen sich nicht nur gut vorbereiten, sondern sind auch einmalig und garantiert bei keinem Bäcker zu bekommen!

80 g Amaranth
5 EL getrocknete Cranberrys
80 g Amaranthmehl
(siehe S. 7)
350 g Dinkelmehl (Type 1050)
Salz
15 g frische Hefe
1 TL Zucker oder Honig
100 g Joghurt (Zimmer-
temperatur)
100 g Haselnussblättchen

Lassen sich gut einfrieren

Für 12 Brötchen |
20 Min. Zubereitung |
1 Std. 15 Min. Ruhen |
25 Min. Backen
Pro Brötchen ca. 230 kcal,
7 g EW, 7 g F, 34 g KH

1 Die Amaranthkörner in einem Topf bei mittlerer Hitze unter Wenden rösten. Mit 240 ml Wasser ablöschen, Cranberrys hinzufügen und zugedeckt ca. 25 Min. köcheln lassen. Die Amaranthmischung in eine Schüssel umfüllen und abkühlen lassen.

2 Amaranth- und Dinkelmehl mit 1 großen Prise Salz in einer Schüssel mischen. Die Hefe in 100 ml lauwarmes Wasser bröckeln, den Zucker oder Honig hinzufügen und rühren, bis die Hefe gelöst ist. Hefegemisch, Joghurt und abgekühlten Amaranth zur Mehlmischung geben und alles mit den Knethaken des Handrührgeräts 2 – 3 Min. glatt verkneten. Den Teig bei Zimmertemperatur zugedeckt ca. 45 Min. gehen lassen.

3 Den Teig 2 Min. gut durchkneten, dann 50 g Haselnussblättchen kurz unterkneten. Falls der Teig noch sehr weich und klebrig ist, noch etwas Mehl (ca. 3 – 4 EL) unterkneten.

4 Zwei Backbleche mit Backpapier belegen. Die restlichen Haselnüsse auf einen Teller geben. Aus dem Teig mit bemehlten Händen 12 Brötchen formen und diese mit der Unterseite in die Haselnussblättchen drücken. Die Brötchen auf die Backbleche setzen, mit den auf dem Teller verbliebenen Haselnussblättchen bestreuen und zugedeckt weitere 30 Min. gehen lassen.

5 Inzwischen den Backofen auf 220° vorheizen. Die Brötchen im Backofen (Mitte, Umluft 200°) 10 Min. backen. Die Backofentemperatur auf 200° (Umluft 180°) reduzieren und die Brötchen weitere 15 Min. backen, bis die Oberfläche goldbraun ist. Die Brötchen vom Backblech nehmen und auf einem Kuchengitter abkühlen lassen. Mit Frischkäse und Marmelade servieren.

REGISTER

Damit Sie Rezepte mit bestimmten Zutaten noch schneller finden, sind in diesem Register auch beliebte Zutaten wie **Äpfel** oder **Möhren** alphabetisch eingeordnet und hervorgehoben. Darunter finden Sie das Rezept Ihrer Wahl.

© 2015 GRÄFE UND UNZER
VERLAG GmbH, München

Projektleitung:
Dorothea Schwarz
Lektorat: Karin Kerber
Korrektorat: Waltraud Schmidt
**Innen- und Umschlaggestal-
tung:** independent Medien-
Design, Horst Moser, München
Herstellung: Sigrid Frank
Satz: Kösel, Krugzell
Reproduktion: Medienprinzen,
München
Druck und Bindung:
Schreckhase, Spangenberg
Syndication:
www.jalag-syndication.de
Printed in Germany

3. Auflage 2016
ISBN 978-3-8338-4431-7

GRÄFE
UND
UNZER

Ein Unternehmen der
GANSKE VERLAGSGRUPPE

Die Autorin

Diane Dittmer hat ihre Lust am
Kochen und Genießen in vielfälti-
ger Weise zum Beruf gemacht.
Nach Jahren als Food-Redakteu-
rin bei einer Frauenzeitschrift, ist
sie mittlerweile erfolgreich als
Kochbuchautorin und Foodstylis-
tin tätig. Auf dem Land aufge-
wachsen und mit Kräutern und
Pflanzen aus dem Garten groß
geworden, lässt sie sich stets zu
neuen Rezepten inspirieren. Ihre
Favoriten für die neuen Power-
körner hat sie hier versammelt.

Die Fotografin

Anke Schütz fotografiert für
namhafte Redaktionen und
Buchverlage in den Bereichen
Food und Lifestyle. Zusammen
mit **Diane Dittmer** (Foodstyling)
und **Katrin Heinatz** (Requisite)
setzt sie Kulinarisches mit viel
Liebe zum Detail in Szene.

Bildnachweis

Alle Fotos: Anke Schütz,
Buxtehude

Titelrezept

Fruchtiger Quinoasalat (S. 13)

Umwelthinweis:

Dieses Buch ist auf PEFC-zertifi-
ziertem Papier aus nachhaltiger
Waldwirtschaft gedruckt.

QUALITÄTS
G|U
GARANTIE

Liebe Leserin, lieber Leser,

haben wir Ihre Erwartungen erfüllt?
Sind Sie mit diesem Buch zufrie-
den? Haben Sie weitere Fragen zu
diesem Thema? Wir freuen uns auf
Ihre Rückmeldung, auf Lob, Kritik
und Anregungen, damit wir für Sie
immer besser werden können.

GRÄFE UND UNZER Verlag
Leserservice
Postfach 86 03 13
81630 München
E-Mail:
leserservice@graefe-und-unzer.de

Telefon: 00800 / 72 37 33 33*
Telefax: 00800 / 50 12 05 44*
Mo–Do: 9.00 – 17.00 Uhr
Fr: 9.00 – 16.00 Uhr
(* gebührenfrei in D, A, CH)

Ihr GRÄFE UND UNZER Verlag
Der erste Ratgeberverlag – seit 1722.

Backofenhinweis:

Die Backzeiten können je nach Herd
variieren. Die Temperaturangaben
in unseren Rezepten beziehen sich
auf das Backen im Elektroherd mit
Ober- und Unterhitze und können
bei Gasherden oder Backen mit Umluft abweichen. Details entnehmen
Sie bitte Ihrer Gebrauchsanweisung.

Appetit auf mehr?

EXPRESSKOCHEN VEGETARISCH
Rasantes aus der grünen Küche

ISBN 978-3-8338-4124-8

DIANE DITTMER

Wald- und Wiesen-Kochbuch
Köstliches mit Wildkräutern, Beeren und Pilzen

ISBN 978-3-8338-3656-5

MARTIN KINTRUP

VEGAN KOCHEN
100% Genuss, 0% Tier

ISBN 978-3-8338-4308-2

CLEAN EATING
Die besten Rezepte

Laden im App Store

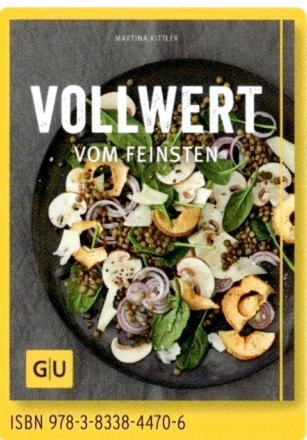

MARTINA KITTLER

VOLLWERT VOM FEINSTEN

ISBN 978-3-8338-4470-6

MARIANNE ZUNNER

1 BROT – 50 AUFSTRICHE
Das Beste kommt obendrauf

ISBN 978-3-8338-4125-5

 Alle hier vorgestellten Bücher sind auch als eBook erhältlich.

PIKANTE SNACKS

Wer die Vorratsdose mit Knabbereien füllen möchte, backt am besten die doppelte Menge – denn Krümelmonster werden der Versuchung nicht lange widerstehen können.

KNUSPER-KNÄCKEBROT

Für 18 Knäckebrote: 70 g Amaranthmehl mit 70 g Hirseflocken, 25 g Kürbiskernen, 25 g Sonnenblumenkernen, 25 g Sesamsamen, 25 g Leinsamen, 2 TL grob geschroteten Fenchelsamen und ½ TL Salz mischen. 1 EL Öl und 200 ml Wasser unterrühren. Den Teig zugedeckt 10 Min. quellen lassen. Den Backofen auf 160° vorheizen. Ein Backblech mit Öl einfetten und den Teig darauf zu einer Platte von ca. 30 x 30 cm ausstreichen. Im Backofen (Mitte, Umluft 140°) ca. 20 Min. backen. Das Blech aus dem Ofen nehmen, diesen aber noch nicht ausschalten. Die Teigplatte mit einem Messer in etwa 5 x 10 cm große Streifen schneiden, dann weitere 30 – 35 Min knusprig backen. Knäckebrote auf einem Kuchengitter abkühlen lassen.

QUINOACRACKER MIT ROSMARIN

Für 49 Stück: 150 g Quinoamehl mit ½ TL Backpulver, 2 EL gehacktem Rosmarin, ½ TL Chiliflocken und ½ TL Salz mischen. 30 ml Öl und 120 ml Wasser dazugeben und mit den Knethaken des Handrührgeräts glatt verkneten. Den Teig zugedeckt 10 Min. quellen lassen. Den Backofen auf 160° vorheizen. Ein Backblech mit Backpapier belegen. Den Teig auf der bemehlten Arbeitsfläche zu einem Quadrat (28 x 28 cm) ausrollen. Teigplatte in 4 cm große Quadrate schneiden, diese auf das Blech legen und mit einem Messerrücken Streifen eindrücken. Mit 1 EL gehacktem Rosmarin und grobkörnigem Salz bestreuen. Im Backofen (Mitte, Umluft 140°) ca. 30 Min. knusprig backen. Auf einem Kuchengitter abkühlen lassen.